JN071842

マイソング
マイライフ

祈りを歌にのせて

my Song my Life

本田路津子

Forest Books

もくじ

my Song my Life

序章　幼き日の祈り

私は一生懸命、神様にお祈りしました。

「どうか、神様。私を、その日、病気にしてください」

これは、私が幼稚園に行っていたときの祈りです。

私は小さいときから恥ずかしがり屋で、おとなしい子どもでした。人前ではなんにもできないくらい、本当に気が小さかったのです。

私の通っていた幼稚園は、キリスト教会付属の幼稚園でしたので、クリスマスになるとイエス様誕生の劇をします。私の役は、大勢いる天使の一人でした。セリフは、「今日ベツレヘムの町に男の子が生まれます。その名をイエスと名づけなさい」の一言だけ。しかも、みんなで声を合わせて言うものでした。

それでも舞台に出るのがいやで

幼稚園の降誕劇で。最後列右端が私。

いやでたまらなかったので、「私を病気にしてください」とお祈りしたのです。

まさか、それから十数年後に歌手になり、全国を回ってあちらこちらの舞台に立って歌ったり、テレビやラジオに出演するようになるなんて、人生とは本当に予測のつかないものです。

デビューから今年（二〇二〇年）で五十年経ちました。今でも、恥ずかしがり屋でマイペースな私ですが、歩いてきた道のりを振り返ると、自分では計画も想像もできなかったような不思議な旅路を、天のお父様（神様）に手をつないでいただいてここまで来たんだな、という感謝と感慨があります。

小学生の頃。妹とお気に入りのセーターを着て。

第一章

子どもの頃から歌い続けて

子どもの頃から引っ込み思案の私でしたが、歌だけはとても好きで、小・中学校の頃は音楽部に入って独唱したりしていました。

当時、ＮＨＫのラジオ番組で「声くらべ腕くらべ子供音楽会」というものがありました。出場者が歌うと、その出来にしたがって、鐘が一つか二つ、上出来なら三つ鳴らされます。

小学五年生の時、私の住む新潟県の小さな町（青海町。現・糸魚川市）

にもその番組がやってきて、私も出場しました。すると、嬉しいことに鐘が三つ鳴らされたのです。ところが、ラジオでは、私の出番は放送されませんでした。地方版だったので、頭から三十分でカットされてしまい、私の出番はその後だったのです。同級生の男の子には「おまえ、本当に鐘を鳴らしたのか?」なんてからかわれましたが、今となってはそれもいい思い出です。

中学生の時は、給食の時間だったか、掃除の時間だったか、校内放送で音楽を流す時間があったのですが、一時期、それが私の歌でした。学校のテーマソングのような歌があって、音楽の先生に抜擢されて私が歌い、それが毎日放送されたのです。照れくささと誇らしさが半々でした。今考えると、先生方がそうやって、私に自信を持たせてくださったのではないかという気がして感謝しています。

私に、最も大きな音楽的影響を与えたのは父でした。父は、本とレコードがあれば幸せという人で、家の中ではいつも大きな音でバロックやオペラを聞きながら本を読んでいました。

父と母はクリスチャンで、私の路津子という名前も、旧約聖書の「ルツ記」から取られた名前です。ただ、「路津子」という漢字を当てたために、初めて会う人に正しく名前を読んでもらえることはまずありませんでした。

小学校時代も、担任の先生が出席を取る時、最初はたいてい

音楽部で。前の席の左が私。

つっかえます。「ろつこ」と読まれたり、ひどい時には「ほんだろ　つこ」と読まれたことさえあります。

不思議なことに、芸能界に入ってから「路津子さんのお名前は聖書から取られたお名前だそうですね」と名前の由来を話題にしていただくことがたびたびあって、それが皆さんの記憶に残るらしく、初めて会った方に「あー、聖書の名前なんですよね」と言われることもありました。

一度など、フォークビレッジというフォークソングの番組の司会をしていた佐良直美さんに、「路津子さんのもとになっているルツ記のルツのお母さんの名前はナオミで、私と同じ名前なんですね」と紹介していただいたこともあります。

話が少し前後しましたが、小学二年生の時、父の転勤で、福岡から新潟に引っ越しました。引っ越し先の近所には教会がなかったのですが、社宅の仲間で、我が家と同じく福岡県大牟田市から新潟に転勤になった「大牟田組」の中には、不思議とクリスチャンが多かったため、みんなで「家庭集会」と呼ばれる集まりを開いて、そこに現在の上越市高田から、牧師先生や宣教師に来てもらったり、クリスマスには子ども会を開いたりしながら一緒に礼拝をしていました。

そんな生活をしていたので、キリスト教とか聖書は、私にとってなじみの深いあたりまえのものでしたが、私自身は、神様という大きな存在があることは自然に信じていたものの、それ以上の信仰はなく、特に反発するでもなければ真剣に信じるわけでもない、という感じでいたのです。

中学を卒業すると、私は東京の高校に進学し、最初は寮生活、三年生からは、あるお宅の離れのようなところを借りて、自炊しながら友達と一緒に暮らしました。その後、三つ下の妹も私と同じ高校に入り、妹が三年生になる頃、大学生になっていた私と一緒に姉妹で暮らし始めました。その

新潟で暮らしていた中学生の頃。庭で父が撮った写真。

うち、故郷の福岡に戻っていた父が定年を迎え、母と共に東京に出てくることになったため、また久しぶりに家族一緒に暮らすことになり、生活にゆとりがうまれました。

そんなこともあって、一九七〇年、大学三年生の終わりに、学生時代の思い出にと思って、フォークソングのコンテストに出場してみたのです。

この頃、一九六〇年代後半から、「ドナドナ」、「花はどこへ行った」「風に吹かれて」などのフォークソングが次々とヒットしていました。それらの歌の多くは、当時のベトナム戦争を背景に生まれ、若者の心をとら

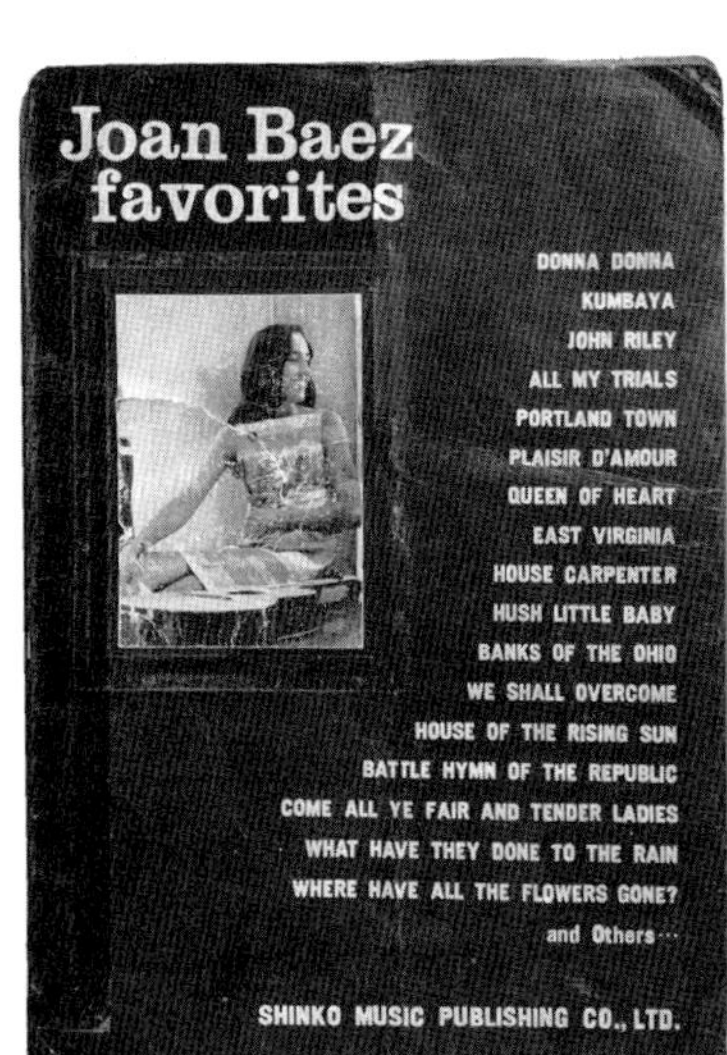

1967年に買ったジョーン・バエズのソングブック。今も変わらない私の大切な「友達」。

えていました。

私はコンテストで、ジョーン・バエズの「シルキー」という歌を歌いました。父のレコード・コレクションの中にジョーン・バエズのレコードもあり、高校生の頃に聞いたときから、アイルランドやスコットランド伝承のバラードの美しさに心奪われ、大ファンになっていたのです。それで、当時のことばでいう「月賦」でギターを買い、弾き語りの練習をしていました。

学生時代は、卒業したらＯＬにでもなろうとタイプを習ったりしていたのですが、思い出作りのつもりでフォークコンテストに応募した結果、なんと優勝し、歌手としてデビューすることになったのです。

第二章　気がつけば多忙な歌手に

一九七〇年の春のコンテストで優勝した私は、その年の秋に「秋でもないのに」という曲でデビューしました。

普通の大学生が突然レコードを出すことになったのですから、妹は「少しでもいいから、売れるといいわね」と心配してくれましたが、幸いなことに折りからのフォークソング・ブームに乗り、また、レコード会社や事務所のスタッフが一生懸命応援してくださったおかげで、自分の予想をはるかに超えるヒットに恵まれました。

デビューの翌年には、「一人の手」という曲で、ＮＨＫの紅白歌合戦にも出場させていただきました。原曲は、アメリカのピート・シーガーの「ワン・マンズ・ハンズ（One Man's Hands）」という歌で、戦争や原爆に反対する内容の歌詞ですが、それを私が自分の生活に置き換えながら、無い知恵をふりしぼって訳しました。

一人の手では何もできないけれど、みんなの手と手を合わせれば、何かできる……そんな内容の詞をつけたのですが、当時、「組合の歌みたいだね」と言われたり、意気盛んな若者たちからは、「何もできない弱い人の歌だ」とか言われてちょっと落ち込んだこともあります。

でも、一方で、「交通遺児を支える会」の支援キャンペーンにこの曲を使っていただいたり、学校やキャンプ場などでよく歌っていただけるようになったりで、そんな話を聞くと、同じ曲でも、受け止め方にはいろいろあるんだなぁ、と思いつつ、本当に嬉しくなりました。

そして、何よりも嬉しかったことは、ずっと後になって、私に洗礼を授けてくださった北村宗次牧師が、五番まであったこの曲に六番をつけてくださったことです。「ひとつの主のからだ　枝えだ違うけど　それでもみんながひとつに結ばれて　強く生きる　強く生きる」

紅白歌合戦でこれを歌った時には夢にも思わなかったことですが、それから数十年後、この歌詞を加えていただいたおかげで、私は、教会でもよくこの歌を歌うようになりました。

次の年は、ＮＨＫの朝の連続ドラマで、熊本の天草を舞台にした「藍より青く」の主題歌、「耳をすましてごらん」という歌を歌わせていただきました。きれいな天草の海をバックに流れるこの主題歌は、物語の進み具合にしたがって、一番、二番、三番と、歌詞が変わっていくのです。これを歌わせていただいたおかげで、この年ももう一度、二年連続で紅白歌合戦に出させていただくことができました。

この頃になるとスケジュールも過密で、その中でしょっちゅうのどの調子を気にする生活でした。例えば、ラジオ番組も持っていたのですが、ラジオの録音は深夜に及ぶことが多いのです。夜中にレコーディングの調節をすることもありました。そういう日に限って翌朝の仕事が早かったりして、休むひまがありません。歌手にとってはのどが楽器なので、それをそんな環境の中でいちばんいいコンディションに保つことが難しく、とてもストレ

無我夢中で歌っていたあの頃。

スでした。

幸い、デビューの少し前から家族と同居していたので、疲れていても、灯りのともった家に帰って母の作った料理を食べることができたのは助かりました。私の母はさっぱりした性格の人で、私のやることにいちいちうるさく口をはさむようなことはなく、歌手になってからの私に対する態度も、以前と何も変わりませんでした。

それでも内心では心配してくれていたのか、私が地方の仕事に行って帰ってくる日は、帰宅時間をだいたい計算しながら待っていてくれたようです。自宅のマンションまでたどりついて上を見上げると、いつも、九階の我が家の窓枠に肘をついて外を眺めている母の姿が見えました。

今のように携帯電話がある時代でもなく、インターネットで時刻表を検索できたわけでもないのに、いつも決まって窓際で迎えてくれる母の姿。当時は「そんなふうに待っていなくてもいいのに」なんて言っていましたが、今も心に残るあたたかな思い出です。

第三章

「私」を見失いかけて

下積み生活ゼロでパッとデビューし、ヒット曲にも恵まれて、その翌年から紅白にも出場というと順風満帆のように聞こえるかもしれませんが、実は、私の心の中には、少しずつ不安や疲れが蓄積し始めていました。

「いつまで売れるのかな」ということも心配でしたが、何より、芸能界というところは本当に才能の豊かな方であふれていることを目の当たりにし、自信を失ったりもしていたのです。

私が芸能界に入っていちばんびっくりしたのは、ピアノも使わずに空で譜面を書いていく人の姿を見たことです。当時、「森田公一とトップギャラン」の皆さんと一緒に地方公演を回ることがよくあったのですが、人気の歌手であり作曲家でもあった森田さんは、旅先でもよく譜面を書いていました。

周囲の人が「森田さんが仕事中だから静かにしてね」と言っても、ご本人は、「あ、大丈夫だよ」と言いながら、さらさらと音符を書き続けているのです。きっと頭の中では大音量でメロディが流れていたのでしょう。

こういう人たちを前にすると、とにかく圧倒されて、私は今まで「るっちゃん声がきれいね」とか「上手ね」なんておだてられて自分でも音楽が得意だと思っていたけれど、レベルが違う、こんな私が歌手を続けていけるのだろうか、と思わずにはいられませんでした。

デビュー曲の「秋でもないのに」のレッスンで、ギタリストの石川鷹彦さんに指導していただいていた時、「まだ、絵になっていないね。歌は、聞く人の頭に絵が浮かぶように歌わなくちゃいけないよ」と言われたことがあります。

絵が浮かぶように歌うって、どうしたらいいんだろうと考えこみました。ただきれいな声で音程を外さずに歌えばいいというわけではない、奥の深さを教えられた忘れられないことばです。そして、絵になるように歌うことは、私にとって終生の課題となりました。

私の所属していた事務所には、飛び抜けて実力のある人たちがいました。私の先輩は、フォークソングの女王と言われていた森山良子さんでしたし、後輩は、天才的なシンガーソングライターの五輪真弓さんでした。「その間に入った私の、なんと辛いこと」という感じだったのです。

人間は、生まれてから死ぬまで、誰かと比べられながら生きるものなのだな、と思います。また、自分自身で他人と比べてしまうこともあります。

私も、自分では真似をしているつもりなどないのに、「森山良子みたい」とか、「和製ジョーン・バエズ」などと散々言われました。

でも、似ていると言われても当然だったかもしれません。このお二人は私にとって先生のような存在で、お二人のレコードを何度も何度もひたすら聴いて、練習したのですから！　フィーリングが合ったのでしょう、お二人の歌にはすんなりと入っていけたのです。

今でもジョーン・バエズと森山良子さんは、私にとっていちばん興味のある、大好きなシンガーです。

表だって仕事をしていると、いろいろな批評とか批判にもさらされます。同じ歌を同じように歌っても、人にはそれぞれ好みがありますから、好きだと思った人が批評してくださるときには好意的に書いてくださいますが、そうでない方からは、厳しいことばをいただくわけです。書かれる側としてはやはり、そういう一つ一つのことに傷ついたり、痛みを覚えたりしていました。

「私は私」と思っても、その「私」に自信を持つこともできず、詞や曲を書くのがあまり得意でなかったためか、だんだん、与えられた歌をこなしていく「歌い屋さん」になっていくような気がしていました。

私は今でもせかされることが苦手で、何かをする時、マイペースでできないと、とてもストレスを感じてしまいます。デビューしてからの五年間はとにかく忙しくて、いつも追い立てられているようでした。

もともと気が小さくて、大きな歌番組やリサイタルの前日は、いつも明け方まで眠れないほど緊張するタイプだったので、肉体的な疲れもだいぶたまってきていました。

そんな日々を過ごすうちに、立ち止まる時間がほしい、自分の心をのぞいてみる時間がほしいという気持ちが次第に大きくなっていったのです。

その頃の私はいつも、家に帰ると疲れた顔をしてソファーに寝っ転がっているような生活でしたが、ある日、そんな私を見た父が、「路津子、クリスチャンにならないか？　クリスチャンになったらね、天国に行けるんだよ」と唐突に言いました。

そのときは、「なんて単純なお父さんなんだろう」と思っただけでしたが、後になって振り返ると、両親のそのような祈りが、いつも私を支えてきてくれたように思います。

第四章 アメリカで用意されていた出会い

疲れや焦燥感がたまりにたまってきたところで、私は思い切って三か月くらいお休みをとって、アメリカのロサンゼルスに行ってみることにしました。幸い、事務所の人たちも、「路津子ちゃんがそうしたいなら、そうしたらいいいよ。帰ってきてまた歌いたくなったら歌ったらいいよ」と、快く送り出してくれたので、しばらくの間、ただのんびり暮らすことにしたのです。

そうしたことでいちばんよかったと思うのは、アメリカでは周りの人が誰も、私のことを知らなかったことでした。私の場合、「本田路津子」は本名でしたから、日本では病院に行ってもどこに行っても「ホンダルツコさーん！」と呼び出しがかかると、いっせいに振り返られ、そのたびに、「ああ、なんで本名で出ちゃったんだろう」と後悔したものです。

ところがアメリカでは、私のことなど誰も知りません。日本では、自分が自分でなくなっていくような感じに苦しんでいましたが、こうして誰からも特別な注意や、賞賛や批評を受けない世界に飛び込んだことで、「ただの自分」、「素の自分」を取り戻せたような気がしました。

アメリカでは友達と一緒にアパートを借りたり、その友達が帰国したあとは、学生時代の友人が留学中にホームステイしていたお宅に滞在させていただいたりしていました。その家の奥様は、全米ハープ協会の元会長さんで、バーブラ・ストライサンドの「追憶」など、いろいろな映画音楽の演奏をしていた方でした。その方が演奏される「テレビ版・猿の惑星」のドラマの音楽録りや彼女の仕事場にも連れて行ってくださったのは、とても得がたい経験でした。

また、ロサンゼルスでは夏、野外音楽場で、ジョン・デンバーなど、大御所のコンサートがよく開かれていましたが、そういう所にも何回か行き、刺激的で開放感に満ちた日々を過ごすことができました。

そんな楽しい三か月間が終わろうとする頃、私の運命を変えるある出会いがありました。帰国の少し前に私は、当時、ご主人の留学のためにシアトルに住んでいた従姉の家を訪ねたのです。その時、従姉のご主人と同じワシントン大学に留学している日本人が何人か招待されていて、みんなで食事会をしました。その中に、後に私の夫となる人がいたのです。

私より七つ年上の彼は、もう三十を過ぎていましたが、従妹に「あの人はまだ独身よ。おススメよ」とささやかれ、へえ、まだ独身なんだ、と思ったことだけは覚えています。そのほか、どんなことを話したのか、四十五年経った今ではもう覚えていないのですが、彼は私がデビューした年にアメリカに留学していたため、歌手としての私をまったく知りませんでした。そのため、本当に普通の初対面の男女として、ごく普通の話をできたことがよかったのかもしれません。

また、彼はクリスチャンだったので、クリスチャンホームに育った私には、安心感と信頼を感じさせてくれる存在だったのかもしれません。私たちはお互いの住所を交換して別れ、その後まもなく日本へ帰った私と彼との間で、手紙のやりとりが始まりました。

第五章　新しい私

楽しかったアメリカでの休暇が終わり、また忙しい生活に戻った私は、日々の悩みを（後の）主人に書き送るようになりました。人と比べられる苦しみ、私の声や歌が好みではない方たちから厳しい批評を浴びせられる痛み、そして、「商品」として扱われる孤独。

私の事務所のスタッフはみな、音楽が大好きで、学生時代、フォークソングやカントリーのバンドを組んで、コンサートで歌っていたような人た

ちで、いい意味であまり「業界人」っぽくない人たちばかりでした。人柄もよく、私を大切にしてくださったので、私は多くの方が想像されるような芸能界のドロドロした部分を知らずに過ごすことができました。

それでも、歌ってお金をいただく以上、よくも悪くも「商品としての価値」というものはついて回ります。それがいつも私を不安にし、孤独にしていました。

主人は、私のそういった悩みをしっかりと受け止めてくれて、その重荷をイエス様のところに持っていって下ろすようにと導いてくれました。クリスチャンホームに育ち、神様の存在については自然に信じていた私ですが、主人と文通する中ではっきりと、神様のもとに私の重荷を下ろし、そこから先は神様に従っていこうと決心することができたのです。

実は、休暇を取ってアメリカに行くとき、ある方から「神様と出会ってください」と書き記された手紙をいただいていました。そのことも心に残っていて、「今、私は神様に出会ったんだ」という確信を後押ししてくれるものとなりました。それと同時に、主人に対しても、「この人と一緒に神様に従っていきたい」と思うようになり、主人もそう思ってくれたのか、私たちは結婚を考えるようになりました。

この頃に作詞した歌に「手紙」というものがあります。

いつか二人が年老いてしまって　時計の針も見えなくなる頃
もう一度読んでみたい　あなたへあてた手紙
もう一度読んでみたい　あなたへあてた手紙

一つ残らず　嫁いでゆく時　海越え届いた手紙をもってゆこう
愛の言葉あふれる　あなたがくれた手紙
愛の言葉あふれる　あなたがくれた手紙

窓辺にうつる夕日を　なつかしく思う時がくる

その時　子供達が　愛に苦しむ時だったら
読ませてあげたい　私達の手紙
読ませてあげたい　私達の手紙

ただひたすらに生きてる今
時計の音が耳もとをすぎる
ペンを走らせるのは　あなたへ届く手紙
ペンを走らせるのは　あなたへ届く手紙

この詞に、財津和夫さんが曲をつけてくださり、私はそれを一九七五年六月、中野サンプラザでの「さよならコンサート」で歌いました。

その翌月、私は洗礼を受けました。その時、私の洗礼式に立ち会ってくださった会衆が、讃美歌三三八番「主よ　終わりまで」を歌ってくださったのですが、これはこの日以来、私の大切な愛唱歌となりました。

主よ　おわりまで　仕えまつらん
みそばはなれず　おらせたまえ
世のたたかいは　はげしくとも
御旗（みはた）のもとに　おらせたまえ

うき世のさかえ　目をまどわし
誘（いざな）いの声　耳に満ちて
試むるもの　内外（うちと）にあり
主よ　わが盾と　ならせたまえ

しずかにきよき　御声をもて
名利（めいり）のあらし　しずめたまえ
心にさわぐ　波はなぎて

わが主のみむね　さやにうつさん
主よ　今ここに　誓いを立て
しもべとなりて　仕えまつる
世にあるかぎり　この心を
つねに変わらず　もたせたまえ

＊『讃美歌』（一九五四年版・日本基督教団出版局）

流行と知名度が価値基準となる歌手生活に別れを告げ、心機一転、新しい世界に飛び込もうとする私にとって、これは本当に自分の心情を表す讃美歌でした。

洗礼から二か月後、日本で結婚式を挙げると、私は、主人が当時、大学の研究員として勤務していたアメリカ・ジョージア州アトランタに移り住みました。

結婚式。1975 年（26 歳）。

洗礼式の日に北村宗次牧師と。

第六章

新しい生活

結婚とは、誰にとっても人生の節目でしょうが、私にとっては特にそうでした。私に歌手なんて務まるのだろうかと思いながら歌っていたものでしたが、いざやめるとなると、「生活の中から歌うことがなくなって、本当に満足して暮らしていけるだろうか?」という不安も生まれていたのです。でも、結婚と同時に渡米し、それまでの生活からすぱっと断ち切られたことがかえってよかったように思います。

もし日本にいて、テレビをつけると昨日まで一緒に仕事をしていた人が映っていたりしたら、心がざわざわしたかもしれませんが、文字どおりの新天地で暮らし始めた私には、未練が生まれる余地もありませんでした。仕事を辞め、家族や友人と離れ、信仰を持ちたてのクリスチャン・ベイビーとして新生活をゼロから始めようとしていた私に、神様はアメリカでもすばらしい信仰生活の導き手と友人たちを与えてくださり、しっかりと支えてくださいました。

同じアパートに、とても洋裁の上手な日本人の方がいて、近所の人たちの洋服を、その方の体に合わせて裾上げをしたり、ウエストをつめたりするような仕事をしていました。私も洋裁が好きだったので、その方に習ったりして、親しくおつきあいをさせていただきました。

その方のお客さんに、アメリカ人のクリスチャンがいて、「歌手をしていたなら、私の教会の婦人会で歌って」と招かれたりもしました。もっとも、これはちょっと苦い思い出で、何曲か歌ったうちの一曲として黒人の公民権を求める「We Shall Overcome（勝利を我らに）」を歌ったら、あとで「私たちはあの歌は好きじゃないのよ」と言われてしまったのです。大学生のとき、社会学の先生からアメリカの黒人の人権問題についていろいろ話を聞いていましたが、「これが現実か」と思わされる出来事でショックでした。

アトランタでは、ウエストミンスター日本人教会に通いました。その教会を

1976年アトランタで。
ドッグウッド（ハナミズキ）はアトランタ市の市花。

設立なさった武田恒義先生のお宅でバイブルスタディや祈禱会が開かれ、そこに参加するうちに親しいお友達もたくさんできました。友人のことばを借りると、「アトランタは、信仰生活の花園だったわね！」というような、すべてが新鮮で楽しい日々でした。

そして、一九七九年夏に、主人がワシントンＤ・Ｃにある国立の研究所に転職することになりました。その際、武田先生は、「あなた方がワシントンに行ったら、家庭集会を開いてください。私が行きますから」とおっしゃったのです。

私たちは、Ｄ・Ｃ郊外のバージニア州に住まいを決め、知人も友人もいないその地で、「私たちが家庭集会を？」と思いながらも準備を始め、まず手始めに電話帳から日本人の姓らしき名字をすべて拾い出して案内を出したり、東洋の食材を売っているオリエンタルショップにチラシを置いてもらったりしたのですが、最初は誰も来ませんでした。がっかりしてしま

ったのですが、聖書を読んでいたら、「舟の右側に網を打ちなさい。そうすれば捕れます」（ヨハネの福音書二一章六節）ということばに行き当たりました。

これは、湖に舟を出して一晩中漁をしていたのに一匹の魚も釣れないでいた弟子たちに、イエス様がかけたことばです。これを読んだ時に、ふと思いついて、夜の時間に設定していた集会を昼の時間に変更してみました。すると、何人かの女性たちが来てくれるようになり、家庭集会を始めることができるようになったのです。

やがてそこに、宣教師として日本で伝道活動をされていたことのあるリー・カネギー先生が集会を手伝いに来てくださるようになりました。カネギー先生は、子どもの頃はアーミッシュの家庭で育った方で、本当にピュアな心と信仰をお持ちの方でした。

また、年に何回か、武田先生が約束どおりアトランタから、十一時間くらい車を運転してワシントンまで来てくださいました。こうして、私たちには何のつながりもなかったワシントンでも、キリストを中心とした小さいながらもあたたかい交わりの集会を始め、一緒に聖書を学ぶことができるようになりました。

この集会が基となって、後にカネギー先生と私たちが協力してアーリントンに、ワシントン日本人キリスト教会を設立し、現在の日本人教会へとバトンタッチすることができました。

また、ワシントンでは、私たち夫婦に、結婚八年めにして初めての子どもが与えられました。アメリカでは、出産を前にした女性のために、友人たちが生まれてくる子どもへのプレゼントを持って集まるベビー・シャワーというイベントがあります。アメリカに住むようになって八年のうちに、私は何度も友人のためにベビー・シャワーをしてきましたが、いつの頃からか、自分がこれを体験することはないのだな、という寂しさを味わうようになっていました。

でも、私の番がやってきたのです。知り合いなど一人もいなかった地で、たくさんの友人ができ、あきらめていた子どもが与えられ、ベビー・シャワーで祝福してもらう日がやってくるなんて、神様のなさることは不思議です。

正直に言うと、「何で今頃?」という思いもありましたが、父が「神のなさることは、すべて時にかなって美しい」（伝道者の書三章一一節）という聖書のことばを贈ってくれると、本当にそうだな、今がいちばんふさわしい時なのだな、と受け止めることができました。

生まれてきた息子には礼寧（れいね）と名前をつけました。主人が中国人の友人に教わったことなのですが、寧という字のウ冠は家を表し、丁はテーブルを表します。その丁の上にお皿があって、いつも心やすらか、という意味だから、安寧の寧という字なのだそうです。

それで、私たちの感謝の心、聖書の箴言一七章一節にある「乾いたパンが一切れあって平穏なのは、ごちそうと争いに満ちた家にまさる」のことばをよく現す、この寧という字を息子の名前に使うことにしたのです。

思い出深いワシントンですが、息子が生まれて半年後、再び主人の仕事の関係でオハイオ州コロンバスに引っ越すことになりました。実はその頃、子どもが誕生する前に初めての日本への里帰りを計画していたのですが、妊娠中に大旅行をすることが心配で、計画を変更しました。子どもが半年くらいになったら落ち着くので、その頃に帰国したら、との勧めもあって、そのつもりでいたのです。

ところが、国の研究機関に勤めていた夫が、研究職を続けるにはアメリカ国籍を取得することが必要になりました。アメリカ国籍を得るということは、日本国籍から離脱しなくてはならないということで、国籍の選択は容易なことではありませんでした。私たちは祈り、日本国籍を保持する道を選びました。そこで、再び日本行きを断念し、主人はオハイオの民間の研究所に職を得ることとなり、一九八三年にコロンバスに引っ越しすることになったのです。

その年、オハイオは百年ぶりと言われる寒波に見舞われ、気温は零下二十度を下回り、家の窓に雪の結晶が見えるくらいの寒さでした。

生まれたばかりの子どもを連れて寒い外に出ていくこともままならず、ほとんど家にこもりっきりだった私は、最初の二か月は、知り合いが一人もいないままで過ごしていました。たまにスーパーで東洋人を見かけると「日本人ですか？」と声をかけるのですが、たいてい、中国人だったり韓国人だったりするのです。でもある日、やっと雑貨店で日本人に出会うことができて、その人から日本人の集まりの情報を聞くことができました。

その中からクリスチャンとの出会いが生まれました。日本人クリスチャンの方たちは、ご主人の勉強のために来られた方が多く、たいてい一年か半年という短い滞在期間でした。しかし、不思議に、交代のように助けてくださる方が現れ、共に家庭集会を続けることができました。この時期は、家庭集会や聖書研究のやり方を教えていただいた時でもありました。

そんな頃、オハイオでの生活を大いに助けてくれたキャロルとの出会いもありました。そもそもの出会いは、当時通っていた長老教会のナーサリールームでしたが、なんと、彼女は私と同じアパートの住人であることがわかったのです。とても敷地の広いアパートでしたが、比較的近い所に彼女の住まいもありました。

キャロルの母方の曽祖

奥山実牧師（前列左端）を講師に招いてのリトリートの後で。武田牧師（前列右端）のお宅で撮った一枚。後列の左端から夫と私。前列中央は息子。（1987 年）

父と祖父は、日本の東北地方の農村伝道に従事されていましたが、お母様が子どもの頃に戦争が始まり、アメリカに帰国されました。私と出会ったときには、そのお母様はすでに召されていたので、キャロルは、母が生きていたらあなたに会えてとても喜んだだろうと残念がっていました。

キャロル自身も日本宣教に興味を持ち、短期宣教師として日本に来て英語を教えた経験もあり、オハイオでは私と組んで子どもの英語バイブルを使って、日本人の婦人たちに英語と聖書を教える会を開いたりもしました。

このように、オハイオでもたくさんの友達が与えられましたが、みんな、主が備えてくださった素敵な出会いばかりでした。

コロンバス時代の思い出の一枚。
サイオト川のほとりで３歳の息子と。

第七章 新しい歌

本田路津子

クリスチャンになりたての頃は、「路津子さん、讃美歌を歌って」などと言われると、昔味わった圧迫感が一気によみがえってきたりしました。私は元歌手なんだから、うまく歌わなければ、と意気込んでしまうのです。そうすると、日本人教会の十数人の前で歌うときでさえ、緊張のあまり声が出ないなどということもありました。

そんなある日、ある方が「救いと栄光と力は私たちの神のもの」（黙示録一九章一節）という聖書のことばから、「恥は我がもの、栄光は主のもの」とお話しされるのを聞いた時、私はハッとしました。

私はいまだに、「元歌手」という看板を背負って、「上手に歌おう。『さすが、うまい』と思ってもらわなければ」という思いでいっぱいだったのです。久しぶりに大勢の日本人の前で、歌手だった頃の私を知っている人がいる中で歌うということになった時、それが前面に出てきてしまったのかもしれません。

イエス様のもとに重荷を下ろした時、歌手という「商品」であった自分に別れを告げたはずだったのに、実はまだその過去を引きずり、神様ではなく自分が栄光を受けようとしていたことに気づかされたのでした。

その時、歌うことについての心の姿勢が変えられました。賛美とは、神様にささげるべきものです。これからはその讃美歌を、神様のご栄光を表すために歌えばいいのだ、と気づいて初めて、長年縛られていた縄目から解き放たれた思いでした。こうしてようやく、安堵感が与えられ、喜んで

歌うことができるようになり、賛美が祈りへと変えられていったのです。

その後、結婚してアメリカに渡ってから九年め、やっと日本に一時帰国することが実現しました。父と母に、一歳半になった息子を初めて会わせることができるのが、大きな楽しみでした。それだけでなく、あの人に、この人に、久しぶりに会える喜びに心躍る思いでした。

ところが、日本に帰ると思いがけないリクエストが待っていたのです。父から、キリスト教出版社であるいのちのことば社の音楽部門を担当しているMさんに電話するように言われたので、何の話だろうと思って電話をしたら、レコーディングをしましょう、と言うのです。

これには訳がありました。私がアメリカにいる間に、父が、いのちのことば社直営のキリスト教書店に買い物に行ったとき、ある方の讃美歌のテープが流れていたのだそうです。父は、その書店の店長さんに「この方はどなたですか？　うちの娘もこんな声で歌っていたんですよ」と話しかけました。
音楽部門の責任者でもあった店長のMさんが、「娘さんて、どなたですか?」と聞き返し、父が「本田路津子といいます」と答えると、Mさんは驚いて「ご帰国の際にはぜひご連絡ください」と言ったのだそうです。

そういうわけで、電話をしたらすぐに訪ねてこられたMさんが、一時帰国の滞在期間が四十日あるからその間にレコーディングをしましょうとおっしゃったのですが、私は、せっかくの日本旅行なのに、大きな荷物を背負ってしまう気がしてあまり気が進みませんでした。

そこで主人に相談すると、「賜物を埋めていると、暗闇に放り出されるよ」との答えでした。これは、マタイの福音書にある、「お金を預けられたしもべたち」のたとえ話のことを言っていたのです。ある人が自分のしもべたちの能力に応じて、ある者には五タラント、ある者には二タラント、ある者には一タラントのお金を預けて旅に出る、という話です。

「タラント」というのは当時のイスラエルのお金の単位ですが、英語のタレント（才能という意味）ということばはここから来ています。日本で言う「タレントさん」も、この「才能がある人」という意味なのです。

この物語の中で、五タラント預けられたしもべと二タラント預けられたしもべは、それを元手に商売をしてお金を増やし、帰って来た主人にほめられますが、一タラント預けられたしもべは、それを使わないで土の中に埋めておき、主人に「悪い、怠け者のしもべだ」と叱責されます。

つまりこれは、神様からいただいた賜物は、神様のためにちゃんと使わなければならない、無駄にしてはならない、という話なのです。そこで、私も、一タラントを埋めておいたしもべになってはいけないと思い直し、「主よ、私のタラントを用いてください」と祈り、お引き受けすることにしました。

そうしてできあがったのが、最初の賛美アルバム「小さなかごに」です。当時はまだテープの時代でした。

第八章
造り主がすばらしいから

初めての帰国でレコーディングをして以来、夫の学会出席などで一時帰国の機会が増え、そのたびに私も一緒に帰ってきては讃美歌のレコーディングをするようになりました。

クリスチャンになってからの歌手生活は、心から歌える歌ばかりだったことが嬉しくてたまりませんでした。フォーク歌手をしていた頃もいい歌に恵まれていたと思っていますが、讃美歌は自分自身の祈りにほかなりま

せん。コンサートをしても、緊張はするけれども、偽りのない自分として歌えることが嬉しく、疲れることはあっても、それは心地よい疲れでした。

そして、渡米から十三年め、一九八八年に、主人が九州の大学に職を得たため、私たちは「一時帰国」ではなく、本当に帰国することになりました。すでにアメリカの永住権を獲得していましたので、ずっとアメリカに住まなくてはならないかもしれないと思っていた私たちに、大きな変化が訪れたのです。

帰国後、早速いろいろなところからコンサートをしてほしいと招いていただきましたが、まだ息子が小さかったので、お引き受けするのは土日くらいに限っていました。

それでも、息子が小学二～三年生になると、クリスマスの時期などは平日でも仕事が入るようになり、夫からは「ちょっとスケジュールを入れすぎじゃない？」と苦言を呈されたこともあります。それで、息子に「お父さんにこう言われたんだけど、お母さん、仕事を辞めたほうがいいかな」と聞いてみると、「やめなくったっていいんだよ。バランスよくやればいいんだよ」と即答するので、おかしいやら感心するやらでした。「カレーさえ作っておいてくれたらいいよ」と励ましてくれた息子には、今でも感謝しています。

自分のためではなく、神様のために歌おうと思えるよう

教会でのコンサートで（1988年クリスマス・イブ）。

になって、いろいろな教会で歌うようになってから気づいたことがあります。それは、神様はいろんな人に、いろんな才能を与え、「あなたには、これ。あなたには、これ」と役割分担をしてくださっているのだな、ということです。

クリスチャンのことばでは、神様から与えられた才能（タラント）のことを、「賜物」と言います。この賜物には、わかりやすいものもあれば、目立ちにくいものもあります。歌が上手に歌えたり、絵がうまかったり、というような特技を持っていると目立ちやすいですが、日頃の生活の中で発揮される賜物には、すぐには気づきにくいものもあります。例えば、何事につけよく気の利く方がいらっしゃいます。いつもぼんやりしている私は、よくあんなふうに気が回って先回りして準備してくださるな、ありがたいな、と感じることがしばしばで、そのような賜物のすばらしさと、そこに込められた愛に感動し、教えられる日々です。

私の賜物は、「きれい」と言っていただけるこの声くらいです。芸能界に入った頃は、目を見張るような才能を持った人たちを大勢目の当たりにして、「自分にあるのはこんなちっぽけな才能」と気落ちしてしまったものでした。でも今は「小さくても大きくても、自分は自分でいい」と、年を重ねるごとに実感できるようになりました。

私の大好き詩に「武器」というものがあります。

武器

ぼくは天才少年ではないから
ぼくの持っているものだけを
ぼくにあうように
つまみだせばいいのさ

するとそこに

小さな真実が生まれる
その小さな真実を
恥ずかしがることはないのだよ
その小さな真実を
どっこいしょ！　と背負って
旅をすればいいのさ

（『矢沢宰詩集　光る砂漠』童心社）

作者の矢沢宰さんは、幼い頃から結核の病を背負い、二十一歳で天に召されました。他の詩から推して、キリストへの信仰を持っていたように思われます。

若い頃、自分の才能の限界を感じることの多かった私にとって、この詩は大きななぐさめでした。また、この詩に通じるものがある讃美歌に、「このままの姿で」という歌があって、この歌詞がそのまま私の心情を表してくれています。

このままの姿で

作詞・作曲　ノア

小さな野の花だけど
主の愛をうけて輝く
あふれる主の恵みは
いついつまでも

バラはバラのように

すみれはすみれのように
わたしも　このままの姿で
ついてゆきます

空をとぶ鳥たちは
主の愛を歌いつづける
あふれる感謝　よろこびは
いついつまでも

鷲は　鷲のように
雀は　雀のように
わたしも　主のほめ歌を
歌いつづける

この歌を聞いたある方は、「思いどおりにいかない子育てのことでもやもやしていたけど、すごくなぐさめられた」と言ってくださいました。きっと、「この子はこの子のままでいいんだ」というメッセージを受け取ってくださったのだと思い、とても嬉しく感じました。

私も、「わたしの目には、あなたは高価で尊い。わたしはあなたを愛している」（イザヤ書四三章四節）という聖書のことばに出会って以来、「あなたは、そのままで愛するに値する」と神様に受け入れられた気がしているのです。

この一人一人に賜物を与えてくださった創造主を覚えるとき、息子とのエピソードを思い出します。それは彼が五歳の頃のことです。一緒にテレビを見ている時に、たまたま子ども番組をやっていなかったので、仕方なく「陶芸教室」を選びました。「創造」ということに興味を持ってくれたらいいな、と思ったのです。

陶芸作品がだんだん出来上がってきた頃、番組に飽きておもちゃで遊びだした息子に、私は「ほら、見てごらん。すてきなお皿ができたわよ」と声をかけました。すると、息子は顔をあげて、「そうじゃないの。お皿じゃなくて、作っているおじちゃんがすばらしいんだよ」と答えたのです。予期していなかった答えに私はびっくりしてしまいましたが、ふと、あ、それは真理だな、と思いました。賜物がすばらしいのではない。私を造り、賜物を与えてくださった神様がすばらしい。だから、ご自分の作品である私をそのままで愛してくださる神様に向かって、これからも心からの喜びをもって歌っていこうと思ったのでした。

第九章　これからも主にゆだねて

アメリカに渡る前の歌手生活が五年だったので、帰国してからの教会を中心とした歌手生活も同じくらい続けばいいな、と思っていたのですが、気がつけばもう三十年以上、あちこちから招いていただき、歌わせていただいています。

帰国した当時は、日本と言っても、知っている人など誰もいない町での生活でした。ところが、官舎で背中合わせのお隣さんがクリスチャンの方で、私たちが家庭集会を始めると、友達を誘って来てくださったのです。そして、その家庭集会から教会が生まれました。

順風満帆な時ばかりではなく、困難なこともありましたが、心が折れてしまうような時こそ、神様により頼んでその御声を聞くと、限りないあわれみと愛を胸いっぱいに受け止めることができ、感謝で満たされました。

二〇二〇年は、歌手生活五十周年を迎える年となりましたが、これに先駆けて、二〇一七年秋に、ソニー・ミュージックダイレクトから、フォークソング時代の歌一〇一曲を集めた「Rutsuko Honda FOLK SONGS 1970-1975」という五枚組ＣＤ ＢＯＸを出していただきました。

私は当初、この企画をまったく知らなかったので、本当にサプライズ・プレゼントでした。アルバムを聴きながら、当時のレコーディングの時の状況や、支えてくださったスタッフの方々の顔が心によみがえり、感動を覚えずにはいられませんでした。

私が歌っていた頃には、まだ小学生や中学生だった人たちが、今、この制作にかかわってくださったことに、感謝でいっぱいです。舞台に立つ歌手というものは、周りの方からサポートされ、応援していただいて仕事が成り立っていくものだということを、改めて思わされています。

聖書のことばを読みながら、最近改めてしみじみと感じることが二つあります。それは、「私は神様に愛されている」ということと、「人生って、自分が計画したようにはならない」ということです。

歌が好きで、歌うことしかできない、恥ずかしがり屋の気の小さな私を、神様はいつも愛して守り、周囲に優しい人たちをたくさん送ってくださいました。そのおかげで私は、今に至るまで、歌いながら生きてこられたのです。

でも、その道のりは私が計画したことではありませんでした。アメリカや日本で家庭集会を開くという働きをしてきたことも、もう子どもは生まれないのだと思った頃に息子を授かったことも、帰国してから讃美歌を歌う歌手になったことも、それをこの歳まで続けていることも、みんな、私がそうしようと思ってそうなったことではありません。

最近は、やはり年齢のこともあって、本当は「あら、そういえば近頃、本田路津子って見ないわね」と言われるような感じでフェイドアウトしたいな、とも思っていました。二〇一九年に出した「聖なる主 Boundless Grace」というアルバムは、唯一私が自分から言い出して作っていただいたCDですが、それは、「もう、今しか歌えない。これが締めくくりの感謝のご挨拶」と思ったからだったのです。

それでもいまだに、私を招いてくださる教会があります。それなら、招いていただける間は、出かけていこうと思っています。私の声も私の歌も、そして私の人生も、主が与えてくださったものですから、主がそれを用いてくださるなら喜んで差し出します。そして、幕引きのタイミングも、自分で決めるのではなく、主にゆだねようと思うのです。

聖書には、「あなたの道を主にゆだねよ。主に信頼せよ。主が成し遂げてくださる」（詩篇三七篇五節）と書いてありますから、みことばにより頼み、主が力を与え、支えてくださることを信じ、おまかせすることにいたしましょう。

これからもっと歳をとってからの生活も、どんなふうになっていくのか、どのような道をたどっていくのか、私にはわかりません。でも、毎朝、自宅から見える山に目をやりながら、「私は山に向かって目を上げる。私の助けは　どこから来るのか。私の助けは主から来る。天地を造られたお方から」（詩篇一二一篇一、二節）という聖書のことばを思い起こし、奮い立たせていただいています。

この本を読んでくださったお一人お一人にも、それぞれの悩みや苦しみ、迷いがあることと思います。そんな皆さんに私からお伝えしたいのは、

「すべて疲れた人、重荷を負っている人はわたしのもとに来なさい。わたしがあなたがたを休ませてあげます」（マタイの福音書一一章二八節）というイエス様のことばは本当ですよ、ということです。そして、自分の道を神様にゆだねれば、神様がそれを最善に導いて助けてくださいますよ、ということも。

どうぞ、あなたもあなたらしく、あなたの人生を喜んで歩いていってくださいますように。

特別寄稿

本田路津子の歌の魅力
～永遠のシルキーボイス～

長井英治（音楽ライター）

この音楽解説のページでは本文では詳細に語られていない、音楽的観点から観た本田路津子の魅力を時系列でご紹介していきたいと思う。

本田路津子は桜美林大学在学中に、ニッポン放送とテレビ東京が主催した「ハルミラフォークコンテスト」に出場し、ジョーン・バエズの「シルキー」を歌唱し見事グランプリを受賞。この受賞をきっかけに歌手デビューを果たすことになるが、このコンテストの存在を知っていた小室等が、

ＣＢＳソニーに路津子の存在を紹介したと言われている。所属事務所は、先輩の森山良子や後輩の五輪真弓が所属した音楽事務所「ミュージカル・ステーション」。プロデュースは、現在のニューミュージックのカテゴリーの基礎を築いたとされる音楽プロデューサーでミュージカル・ステーションの社長・金子洋明氏が手がけた。

路津子をデビューに導いたＣＢＳソニーの中曽根皓二プロデューサーは彼女の高音の澄んだ声質を高く買っており、その高音を最大限に生かすために用意された曲が、記念すべきデビューシングルとなる「秋でもないのに」である。この曲はもともとギタリストの石川鷹彦氏の持ち歌だったそうだが、石川はコンテストの時に審査員も務めており、この時すでに大きな運命が動きだしていたのかもしれない。一九七〇年九月一日にシングル「秋でもないのに」は発売され、新人のデビュー曲としては異例の約十万枚のヒットを記録。この曲は本人も宝物のような歌だとのちにコメントしており、現在でも歌い続けている大切な一曲だ。二〇〇〇年に発売されたアルバム「マイポートレート」の中で再びレコーディングされているが、デビュー時のシルキーボイスは全く失われておらず、大人の魅力溢れる素晴らしい曲に仕上がっている。フォークシンガーとしてデビューした路津子だが、このアルバムを聴くと、実はゴスペルを歌うために見いだされたのではないかとさえ思えてくるから不思議だ。

デビュー翌年の一九七一年四月には待望のファーストアルバム「本田路津子／秋でもないのに」を発売。「秋でもないのに」はもちろん、シングルとして発売された「風がはこぶもの」の他、「誰もいない海」「今日の日はさようなら」等、フォークの名曲のカヴァーも収録されたが、アルバムには「一人の手」という曲が収録されている。アメリカのフォークシンガー、ピート・シーガーの曲だが、作詞家の岡本おさみ氏から、この曲に自分の言葉で詞を書いてみたらどうかと提案され、路津子が初めて作詞をした曲だ。訳詞を見ずに素直に書いたストレートな歌詞は多くの人々の感動を呼び、第二十二回ＮＨＫ紅白歌合戦への出場切符を手に入れることになる。ちなみにこの年の番組の視聴率は七八・一％という驚異の数字で、白組の対戦相手はベテランのフランク永井だったが、路津子の澄み渡る歌声は全国のお茶の間に響き渡った。この「一人の手」は二〇一一年東日本大震災の時に、各地で応援歌として歌われており、彼女にとってもかけがえない一曲として現在も歌い続けられている。

紅白歌合戦に出場した翌年の一九七二年、また大きなニュースが飛び込んできた。ＮＨＫ連続テレビ小説「藍より青く」の主題歌に路津子の楽曲が起用されることになったのだ。タイトルは「耳をすましてごらん」。山田太一が脚本を手掛けたこのドラマは、太平洋戦争のさなかに結婚し、十八歳で夫を亡くした主人公の真紀が戦後、熊本県天草から上京。一人息子と共に苦しい時代を力強く生きて中華料理店を開業するまでの物語が描かれ、一年間毎朝「耳をすましてごらん」がお茶の間に響き渡ることとなる。歌詞は、脚本の山田太一が自らペンをとった名曲だ。ドラマの最高視聴率は五三・三％。当時の国民の二人に一人はこのドラマを見ていたという計算になる。一九七二年七月二十一日に発売されたこの曲は、二十万枚以上を売り上げる大ヒットとなり、その後も多くの人々の心に残る名曲として現在まで歌い継がれている。この「耳をすましてごらん」で年末の紅白歌合戦への出場も二年連続で果たし、路津子は国民的アーティストとして成長していった。この曲も「秋でもないのに」同様、二〇〇〇年に発売された自身のアルバム「マイポートレート」の中で再びレコーディングされている。（ちなみに一九九〇年には南野陽子によってカヴァーされ、ＴＯＰ10入りをするヒットになった）。

順調な滑り出しをしたアーティスト活動だったが、生真面目な性格もあったのか多忙な生活に疲れた路津子は、三か月間アメリカで休暇を取り、リフレッシュすることになる。その休暇がきっかけとなり、結婚を機にアーティスト活動にピリオドを打つ決意をする。一九七五年に発売されたオリジナルアルバム「愛のおくりもの」の帯には「本田路津子さよならアルバム」と記載されている。このアルバムは引退を決意した路津子への贐(はなむけ)のような内容で、同じ事務所の五輪真弓が提供した楽曲「旅立つ想い」他、路津子自身が作詞を手掛けた「手紙」「幼ない子供のように」も収録されている。「手紙」は最後のシングルとして発売された。本田路津子は約五年間のアーティスト活動の中で、十三枚のシングル、七枚のアルバムを発表。東京と大阪で行われた「さよならコンサート」ではキリスト教に帰依する決意を明かした。

結婚後、夫の仕事の関係でアメリカの各地を転々としていた一家は、渡米してから九年後の一九八四年にようやく子どもを連れて一時帰国することになるのだが、そこで路津子に新たなる転機が訪れることとなる。いのちのことば社のスタッフからの熱心な勧めで、四十日間の日本での滞在期間中にアルバムのレコーディングをするというものだった。それが一九八四年にライフ企画（現ライフ・クリエイション）からリリースされたゴスペルアルバム第一弾「小さなかごに」だ。現在はCDでも発売されている作品だが、当時はカセットテープでの発売だった。その後も、一時帰国のタイミングでレコーディングが行われ、クリスマスの楽曲を集めた「クリスマスキャロル」（一九八五）や「JESUS LOVES ME～主われを愛す～」（一九八六）はこの時期の作品だ。そして渡米してから十三年後の一九八八年一家で日本に帰国することになる。

帰国後、育児の傍ら教会で歌う機会が増えたが、自分のためでなく神のために歌うようになり、自身の持つ声の美しさに誇りを持てるようになった路津子は、教会を中心に歌の活動を継続している。帰国後の一九九一年には「シャロンの花」、二〇〇〇年と二〇〇四年には「マイポートレート」

をリリースしている。二〇一七年には同じクリスチャンである、久米小百合（久保田早紀）とKISHIKOとの連名によるゴスペルアルバム「7CARATS＋1」、ソニー・ミュージックダイレクトからは、一〇一曲入りの五枚組のBOX「Rutsuko Honda FOLK SONGS 1970 - 1975」を発売している。そして、デビュー五十周年イヤーを記念する二〇一九年には、久しぶりのゴスペルアルバムをリリースした。タイトルは「聖なる主 Boundless Grace」。約十五年ぶりのソロ名義のアルバムだが、自身から制作を希望した集大成的な一枚だ。特に「聖なる主」は路津子自身が訳詞を手掛けた思い入れの強い一曲でもある。そして、二〇二〇年は、シングル「秋でもないのに」でデビューをしてから五十年というメモリアル・イヤーになる。一九七〇年にフォークシンガーとしてデビューした一人の女性が、五十年後にゴスペルシンガーとして歌い続けているなどと誰が想像しただろうか。いや、神だけはご存じだったかもしれない。

この五十年間で、時代は変わり、音楽シーンは変わったが、同じ声というものは世界に一つしか存在しない。路津子のシルキーボイスは誰にも真似のできない唯一無二の存在としてこの先も永遠に聴き継がれていくだろう。

ディスコグラフィ

Discography

Rutsuko Honda

Folk Songs
1970-1975

Gospel
1984-2020

本田路津子

シングル Single

秋でもないのに

作詞：細野敦子
作曲：江波戸憲和
編曲：馬飼野俊一
B面　小さな丘の小さな家
CBSソニー　1970年

風がはこぶもの

作詞：山上路夫　作曲：菅原進　編曲：青木 望
B面　野に咲く花
CBSソニー　1971年

家路

作詞：山上路夫　作曲・編曲：渋谷 毅
B面　金色の時間
CBSソニー　1971年

一人の手

作詞：A.Comfort　日本語詞：本田路津子
作曲：P.Seeger　編曲：青木 望
B 面　出発のある人生
CBS ソニー　1971 年

だれかを愛したい

作詞：有馬三恵子　作曲・編曲：森田公一
B 面　声のする向こうに　CBS ソニー　1972 年

耳をすましてごらん

作詞：山田太一
作曲・編曲：湯浅譲二
B 面　藍より青く
CBS ソニー　1972 年

めぐりあうためには

作詞：藤田敏雄　作曲・編曲：森田公一
B 面　くちぐせ　CBS ソニー　1972 年

この空の下で

作詞：山上路夫　作曲・編曲：森田公一
B 面　時はとどめられない　CBS ソニー　1973 年

白い花

作詞：楠田芳子　作曲：三枝成章　編曲：高田弘
B 面　歩きなれた道　CBS ソニー　1973 年

空と話そう

作詞：菊池正次　作曲：山下毅雄　編曲：ボブ佐久間
B 面　日だまりのうた　CBS ソニー　1973 年

シングル
Single

郊外電車で

作詞：山上路夫　作曲：森田公一
編曲：穂口雄右
B 面　果樹園　CBS ソニー　1974 年

エレス・トゥー“あなたなしでは”

作詞・作曲：J.C.Calderon　日本語詞：本田路津子
編曲：木田高介
B 面　それぞれの愛　CBS ソニー　1974 年

手 紙

作詞：本田路津子
作曲：財津和夫
編曲：福井峻
B 面　幼ない子供のように
CBS ソニー　1975 年

フォーク・ニューミュージック アルバム Album

my Song my Life

秋でもないのに

CBS ソニー　1971 年
秋でもないのに／一人の手／野に咲く花／小さな丘の小さな家／死んだ少女／風がはこぶもの／誰もいない海／遠い世界に／白い色は恋人の色／おはなし／小さな日記／今日の日はさようなら

家 路

CBS ソニー　1971 年
ある朝うまれて／ままごとの世界／春が来ると／希望の国／孤独な少女／陽は昇る／家路／恋する瞬間／どうしているの／あの想い出の道／一年たちました／出発のある人生

フォーク・ソング全集

CBS ソニー　1971 年
秋でもないのに／あの素晴しい愛をもう一度／家路／誰もいない海／風がはこぶもの／知床旅情／遠くへ行きたい／出発のある人生／出稼ぎお父う／防人の唄／どうしているの／恋する瞬間／友よ／戦争は知らない／死んだ少女／死んだ男の残したものは／X'mas なんか来てほしくない／一人の手／幸せはつくるもの／小さな日記／遠い世界に／若者たち／おはなし／今日の日はさようなら

耳をすましてごらん

フォーク＆ポップス・ベスト 12

CBS ソニー　1972 年

耳をすましてごらん／愛するハーモニー／さよならをするために／ひとりごと／太陽がくれた季節／藍より青く／サルビアの花／美しい星／ケ・サラ／声のする向こうに／ママに捧げる詩／だれかを愛したい

本田路津子ニュー・ミュージックを歌う

CBS ソニー　1973 年

雨が空から降れば（小室等）／結婚しようよ（吉田拓郎）／もみの木（麻田浩）／インドの街を象にのって（六文銭）／赤色エレジー（あがた森魚）／私の家（六文銭）／春夏秋冬（泉谷しげる）／私の小さな人生（チューリップ）／マリエ（ブレッド＆バター）／ひとりきり（南こうせつ）／たんぽぽ（GARO）／どうしてこんなに悲しいんだろう（吉田拓郎）

路津子オン・ステージ

<1973 年 6 月 9 日 中野サンプラザホール>

CBS ソニー　1973 年

シェルブールの雨傘／ソング・サング・ブルー／私はイエスがわからない／行かないで／トップ・オブ・ザ・ワールド～シング／一人の手／人生のメロディー／私の小さな人生

愛のおくりもの

CBS ソニー　1975 年

愛のおくりもの／幼ない子供のように／赤いローソクと人魚／九月の朝／旅立つ想い／手紙／心の中を流れる河／めぐり逢う季節／私の子供たちへ／愛のテーマ

讃美歌・ゴスペル アルバム Album

小さなかごに

ライフ企画　1984 年
小さなかごに／しずけき河の岸辺を／わが喜び わが望み／われ聞けり かなたには／神はわがちから／主よ、おわりまで／ひとりの小さな手／ねる前のお祈り／人生の海のあらしに／わがたましいの慕いまつる／はるかに仰ぎ見る／われをも救いし

クリスマスキャロル

ライフ企画　1985 年
天なる神には／太鼓のカロル／みかむりをもなれは捨てて／ねむれやみどりご／鐘が鳴ります／さやかに星はきらめき／鐘よひびけ／マリヤの赤ちゃん／神のみ子は今宵しも／さあ告げ知らせよう／きよしこの夜／神のみ子は今宵しも（カラオケ）

JESUS LOVES ME　～主われを愛す

ライフ企画　1986 年
み恵みゆたけき／あおい空より／わが魂よ主に向かって歌え／さかえの主イエスの～キリストにはかえられません／ JESUS LOVES ME ／スピリットソング／主はいのちをあたえませり／み言葉をください／のぞみも消えゆくまでに／主よわが主よ／救い主は待っておられる

シャロンの花

ライフ企画　1991 年
シャロンの花／神はひとり子を／主はわが牧者／このままの姿で／つかれしものよ／おかにたてるあらけずりの／いのちの泉／わが主のみまえに／イエスがいるから／イエスよ、この身を

本田路津子　讃美歌アルバム

ライフ企画　1993年
Amazing Grace／日々主はそばにいまし／しずけき祈り／光とやみとの／ Jesus Loves me ／イエスきみはいとうるわし／ Give me Oil in My Lamp ／あぁうれしわが身も／ Turn Your Eyes Upon Jesus ／われをもすくいし

主の祈り

ライフ企画　1995年
ひとたび死にし身も／神なく望みなく／語りませ主よ／まぼろしの影を追いて／雨をふりそそぎ／ヴィア・ドロロサ—悲しみの道—／カルバリ山の／いかにおそるべき／よみがえられた主に仕えて／メドレー<生ける限り主を／イエス、あなたの名は／鹿のように>／主の祈り

ファニー・クロスビーの世界

ライフ企画　1997年
つみとがをゆるされ／イエスのみうでに／ああイエスきみ、こよなき友よ／いわなるイエス／われにきかしめよ／すくい主イエスと／いつかはさらばと／十字架のかげに（インストゥルメンタル）／イエスよ、この身を

讃美歌・ゴスペル アルバム Album

マイポートレート

ライフ企画　2000 年
LOVE- 愛のうた -／秋でもないのに〜風がはこぶもの／耳をすましてごらん／見上げてごらん夜の星を／ああめぐみ！／クンバイヤー／リビングプレイズメドレーII／さびしきみそのに／エルシャダイ／母なる都よ／主にのみ十字架を

マイポートレートII〜足跡

ライフ企画　2004 年
いちわのすずめに／風〜悲しくてやりきれない／この空の下で／ひとりの小さな手／如何に汚れたる／ Dona Dona（ドナドナ）／父の涙／ここに愛が／ The Wedding Hymn（結婚賛歌）／私の子供達へ／たとえば私が

7CARATS ＋ 1　<参加作品>

ライフ・クリエイション　2017 年
わが悩み知りたもう／この世のなみかぜさわぎ／鳥の歌／神はわがやぐら／海よりも深い主の愛／われらはきたりぬ／さやかに星はきらめき／あら野のはてに

聖なる主 Boundless Grace

ライフ・クリエイション　2019 年
アベ・ベルム・コルプス〜救主への祈り／今日もまた新しく／かいばおけの干し草に／昔主イエスの／ガリラヤ湖の岸にて／聖なる主／あなたの平和の／わが行く道いついかに

その他
Others
RutsukoHonda
FOLK SONGS 1970-1975
全101曲
ソニー・ミュージックダイレクト　2017年
「ぼくのアバラー」
NHKテレビドラマ「わんぱく天使」主題歌
1971年
「小犬のプルー」
NHK「みんなのうた」 1972年

本田路津子

ほんだ るつこ

1949 年、福岡県大牟田市に生まれる。
桜美林大学文学部在学中の 1970 年、ジョーン・バエズの「シルキー」を歌ってハルミラフォークコンテストに優勝し、CBS ソニーから「秋でもないのに」で歌手デビュー。続いて「風がはこぶもの」「一人の手」等のヒット曲を出し、森山良子と並んでカレッジフォークの第一人者として活躍した。
1972 年の連続テレビ小説「藍より青く」の主題歌「耳をすましてごらん」でお茶の間にも親しまれた。NHK 紅白歌合戦に 2 年連続出場。初出場（第 22 回）で「一人の手」、第 23 回では、「耳をすましてごらん」を歌った。
1975 年にキリスト教の洗礼を受け、同年、結婚を機に芸能界を引退し渡米。88 年に帰国後はゴスペルシンガーとして活動を再開し、透明感のある歌声で賛美歌を届けてきた。2020 年には歌手デビュー 50 周年を迎える。福岡県在住。

マイソング マイライフ
～祈りを歌にのせて～

2020年5月20日発行

著者　本田路津子

発行　いのちのことば社 <フォレストブックス>
〒164-0001 東京都中野区中野2-1-5
編集 Tel.03-5341-6924 Fax. 03-5341-6932
営業 Tel.03-5341-6920 Fax. 03-5341-6921

ブックデザイン　Yoshida grafica 吉田ようこ

印刷・製本　シナノ印刷株式会社

<写真提供>
フォークソング時代：ソニー・ミュージックダイレクト
本文モノクロ頁写真提供：本田路津子

<ジャケット写真提供>
フォークソングレコード・CD：ソニー・ミュージックダイレクト
ゴスペル・讃美歌CD：ライフ・クリエイション

JASRAC 出 2002789-001

ISBN978-4-264-04140-5